Loi numéro 49 956 du 16 juillet 1949 sur les publications destinées à la jeunesse : mars 1997
Dépôt légal : juin 1999
Imprimé en France par Mame à Tours

Jennifer Dalrymple

NON, JE N'AI JAMAIS MANGÉ ÇA !

ARCHIMÈDE
l'école des loisirs
11, rue de Sèvres, Paris 6e

C’est l’automne qui vient.
Léo est venu voir son Papi.
Papi met un gros sac
dans la camionnette.
«Où tu vas ?» demande Léo.
«Je vais semer le blé»,
répond Papi. «Veux-tu
venir avec moi ? Alors
va mettre tes bottes.»

Le champ est un peu boueux.
Il a plu cette nuit.
Papi montre à Léo comment on semait le blé autrefois.
«C'est quoi, ces graines ?» demande Léo.
«Ces graines, c'est du blé», répond Papi, «tu en manges tous les jours.»
Léo croque une des graines.
«C'est dur, je n'ai jamais mangé ça, moi.»
«Mais si, mais si», dit Papi en riant.

Papi n'a pas dit à Léo quand il mange ces graines.
Et, pendant le dîner, Léo cherche partout des graines:
dans son assiette, sur sa tartine, sous son œuf…
Impossible de trouver ces graines.

L’hiver passe et voici le printemps.
Léo et Papi vont se promener dans le champ.
Les graines ont germé.
Le champ est couvert d’herbe tendre.
« Ce sont les petits brins de blé », dit Papi, « ils sont encore fragiles comme des nouveau-nés. »
« Je n’ai jamais mangé ça, moi », dit Léo.
« Mais si, mais si », dit Papi, « attends un peu… »

C’est le début de l’été.
Les tiges du blé sont longues et toujours vertes.
Elles ont tellement poussé qu’elles viennent chatouiller le nez de Léo.
À la pointe des tiges se sont formés des sortes de boutons.
« Ce sont des fleurs ? » demande Léo.
« Oui », répond Papi, « de toutes petites fleurs sans pétales, si serrées qu’elles forment un épi. Les épis se sont nourris de la terre, de la pluie et des rayons du soleil. Plus tard, les petites fleurs deviendront de belles graines. »
« Je n’ai jamais mangé de ça, moi ! » dit Léo.
« Mais si, mais si », dit Papi.

Lorsque vient le mois d'août, Papi et Léo vont au champ avec la moissonneuse.
«Regarde comme le blé est doré», dit Papi.
«Les épis se sont ouverts», remarque Léo, «et ils ont de grands poils piquants… vraiment je n'ai jamais mangé de ça !»
«Mais si, mais si», dit Papi en riant.

«Allez!» dit Papi, «grimpe sur la moissonneuse.»
Papi met la machine en marche et la grande bouche
de métal aux dents coupantes avale les brins de blé.
«Maintenant que le blé est mûr», dit Papi, «nous récoltons.
Ça s'appelle moissonner!»

Le grand champ a l'air de sortir de chez le coiffeur.
Tous les épis sont passés dans la machine.
«Tu vois», explique Papi, «les tiges de blé ont été mises en bottes pour faire de la paille et les graines sont stockées dans le grand réservoir de la moissonneuse. La paille sera pour les animaux et les graines seront pour nous.»

«Regarde!» dit Papi à Léo, «ce sont les mêmes graines que nous avons semées l'automne dernier.»
Une graine a donné un épi et chaque épi porte plusieurs graines… Approche-toi», continue Papi, «et vois comme la graine se protège dans une petite enveloppe: la balle; on ne mange pas la balle et dans la moissonneuse-batteuse les graines ont été battues pour la retirer.»

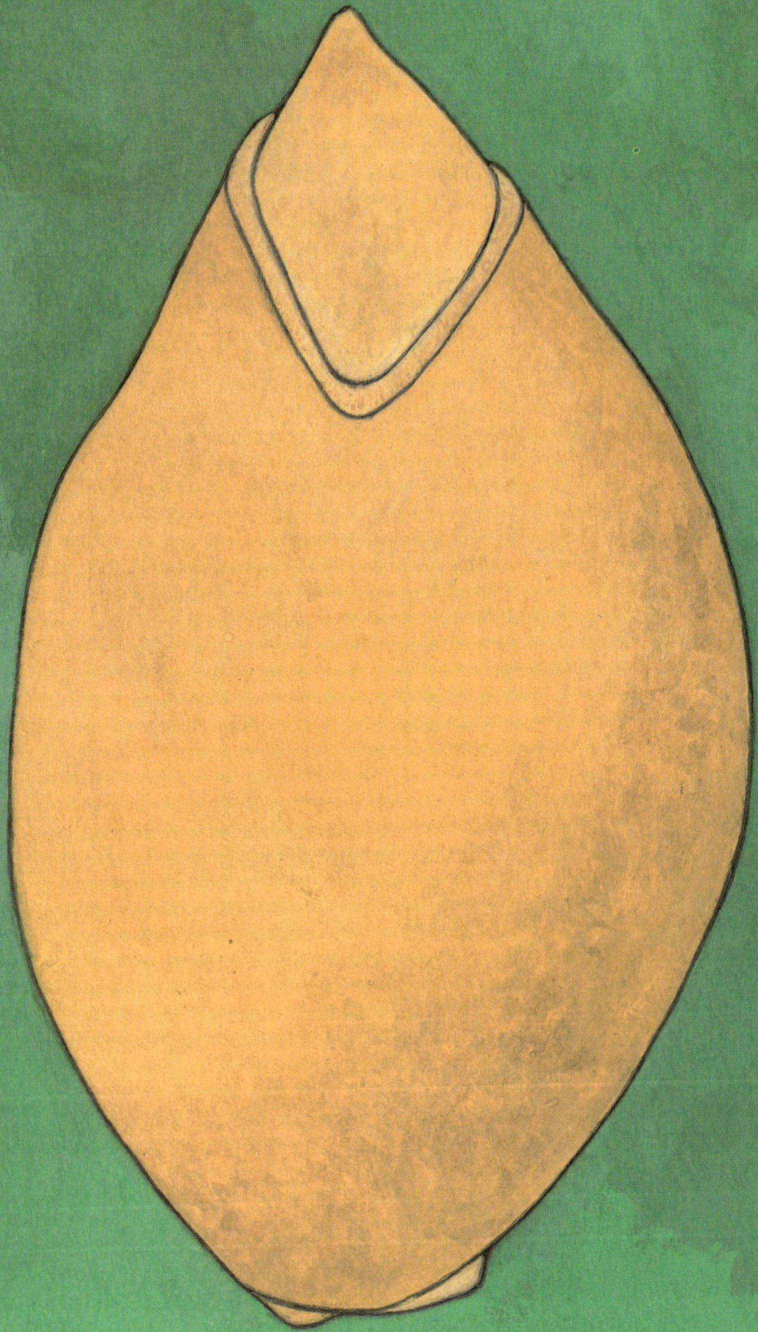

Grain de blé très agrandi
d'un côté…

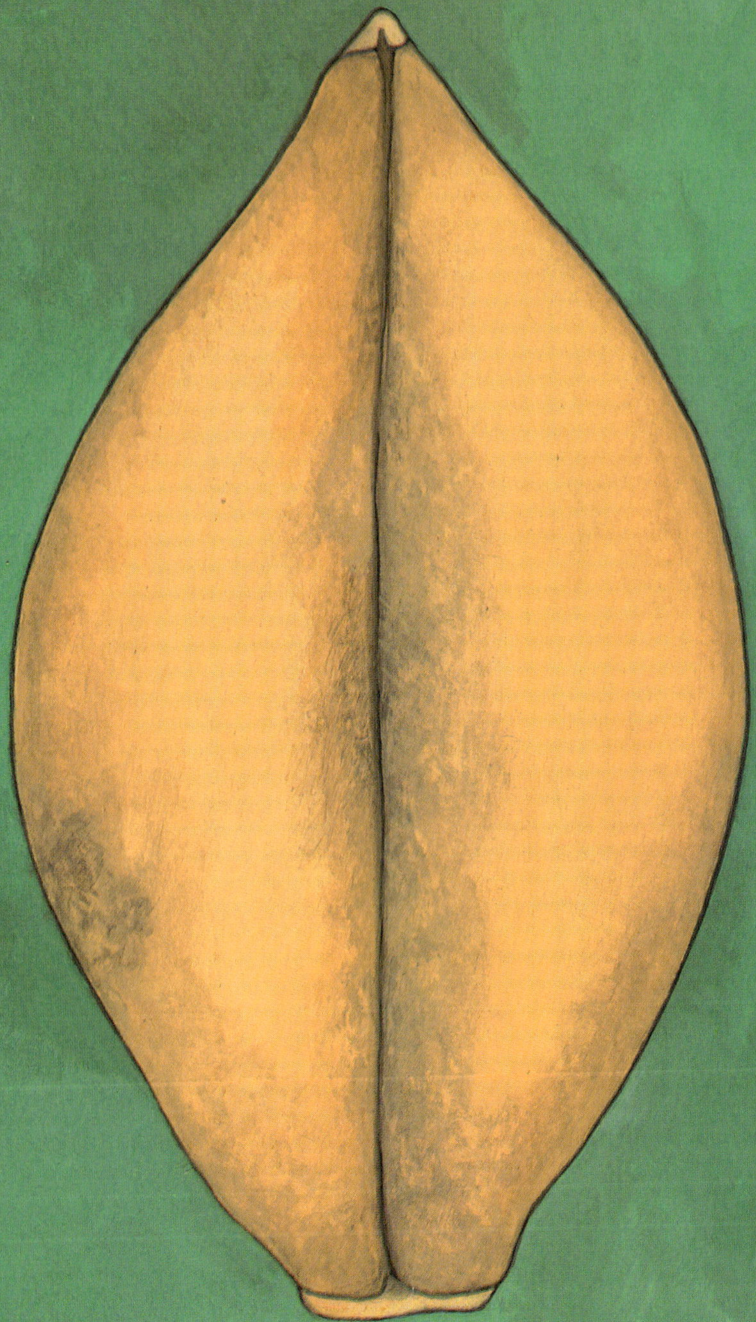

… et de l'autre.

«Maintenant, regarde le grain
sans son enveloppe.
Cette partie au centre, longue et étroite,
c'est le germe du grain,
qui deviendra la racine
vers le bas, et la tige vers le haut.»

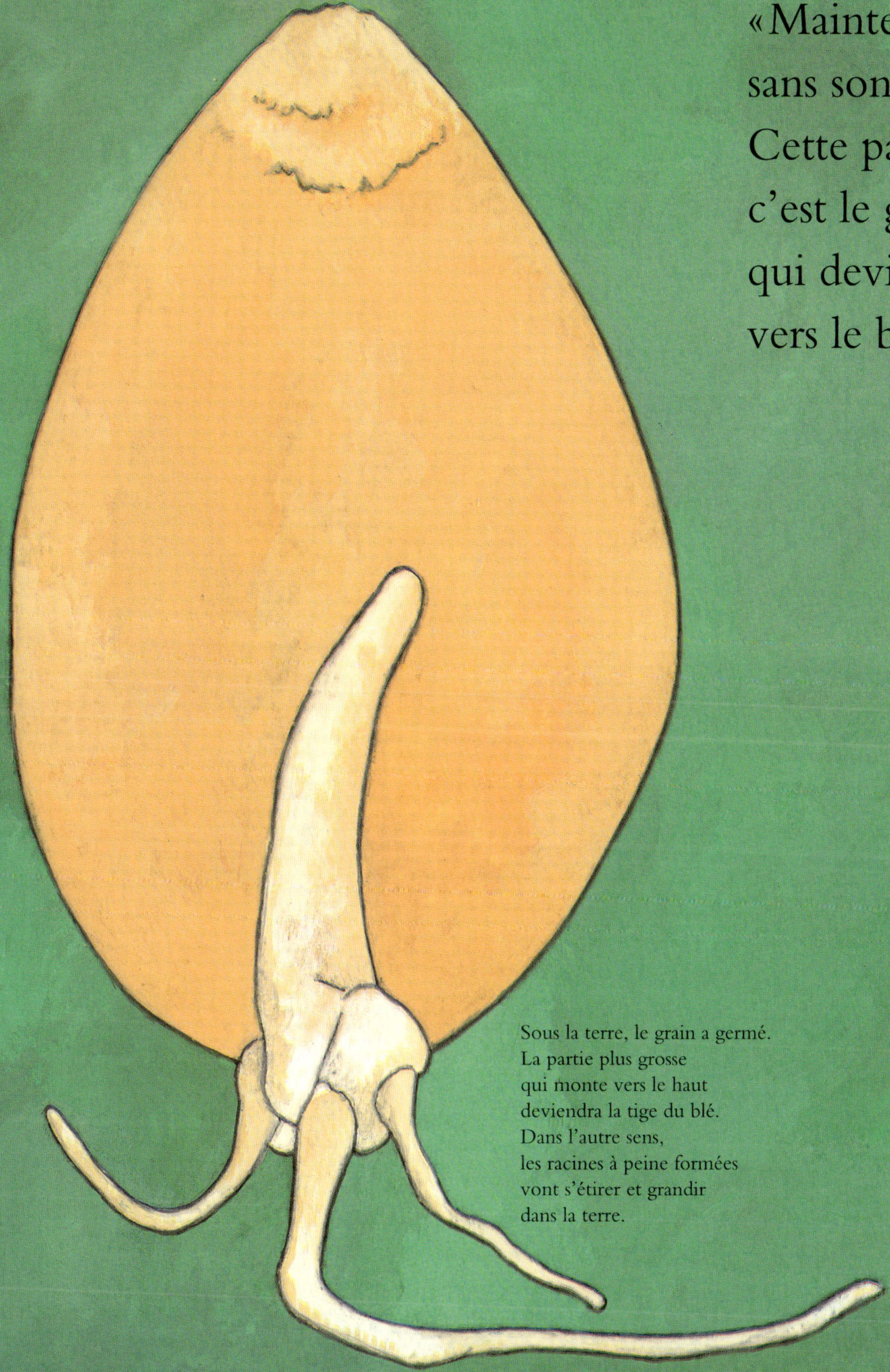

Sous la terre, le grain a germé.
La partie plus grosse
qui monte vers le haut
deviendra la tige du blé.
Dans l'autre sens,
les racines à peine formées
vont s'étirer et grandir
dans la terre.

Le lendemain, Papi vient chercher Léo en camionnette. Les sacs de grain sont empilés à l'arrière. Papi roule et roule, et voici qu'au loin Léo aperçoit une drôle de bâtisse.

«C'est quoi, cette maison?» demande Léo.

«C'est un moulin», répond Papi.

Le meunier aime beaucoup son moulin.
Plutôt que d'acheter un moulin moderne,
il a restauré celui-ci avec l'aide
de la commune. Il montre à Léo
comment fonctionne le moulin.

«L'eau de la rivière fait tourner la grande roue», explique-t-il. «La grande roue entraîne une roue dentée, qui, à son tour, fait tourner une autre roue dentée et ainsi de suite jusqu'à cet axe qui entraîne la meule. La meule est faite de deux grosses pierres qui écrasent les graines en tournant l'une sur l'autre.»

Le grain est réduit en poudre:
le blé devient de la farine, sous les yeux étonnés de Léo!

Papi et Léo sont rentrés à la maison.
Papi verse de la farine de blé moulu dans un bol.
Léo goûte la farine: «Je n'ai jamais mangé de ça, moi!»
«Mais si, mais si», dit Papi en riant, «patiente encore
un tout petit peu.»

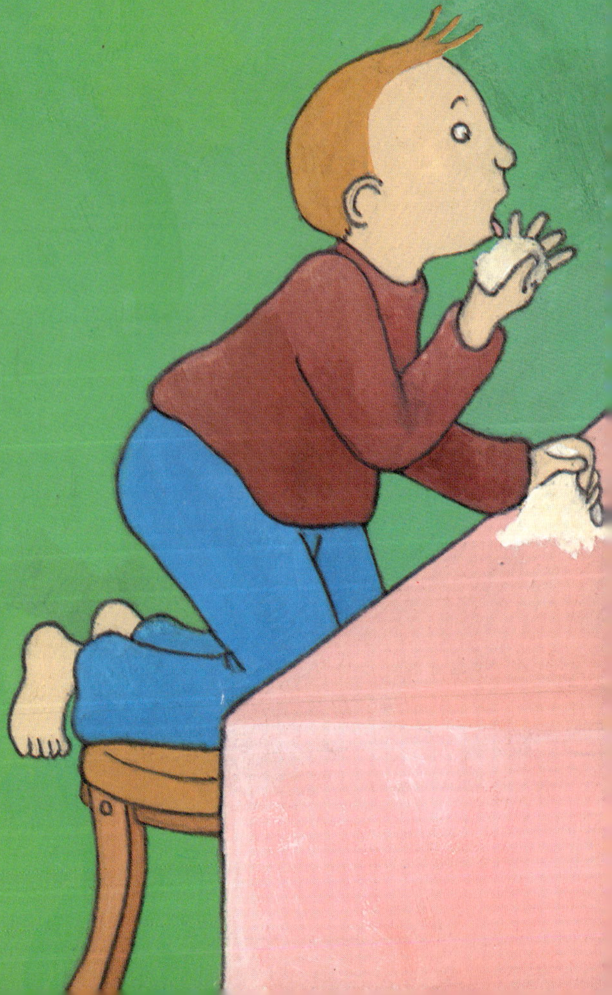

Papi mélange la farine avec de l'eau,
du sel et du levain.
Il pétrit, pétrit et pétrit
la pâte longuement.
Puis il la laisse reposer.
La pâte gonfle.
«Je n'ai jamais mangé de ça!» pense Léo.
Quelques heures plus tard,
la pâte est «levée»: elle est prête.
Papi en fait une grosse boule
et la met dans le four.
Léo ne dit rien, mais il est impatient.

Farine

La pâte est restée une demi-heure au four.
«Allez hop!» dit Papi en ouvrant la porte du four, «et maintenant, dis-moi encore que tu n'as jamais mangé ça!»
«Du pain!» crie Léo, «mais j'en mange tous les jours!»
«Mais oui, mais oui», dit Papi en riant.
«Quel travail!» dit Léo, «on a semé, moissonné, battu et moulu les graines. Puis on a fait la pâte, on l'a laissée gonfler et puis on l'a cuite… et tout ça pour faire du pain!»
«Tu ne crois pas que ça en vaut la peine?» demande Papi.

«Mais si, mais si !» répond Léo.
Et, un peu plus tard,
il mord dans sa tartine
de bon pain chaud.